L'Europa è lontana
Mamadou N. Beye

Morte
faraone bianco
schiavo nero.

Leone nero di pietra
gazzella bianca.

Il vocabolo odio
razzismo. Dio,
scheggia in gola.
Il corpo una croce.

Fuochi geografici rossi
Lampedusa è lontanissima

Meloine, il leone di pietra
conta le alghe
dell'albero leggendario del cielo

Genocidio, regicidio
io uccido dio
dio uccide me
mio dio ucciso.

Orrore! Tumore nell'acqua
corpo nero gonfio
petto tronfio
petrolio
pietre
olio
io ti saluto mia terra!

Ho votato a quale lingua appartengo?
Ho detto il nome della madre?
No.
Il nome del figlio?
No.
Puskin, polmone destro
d'Europa, cariata,
forato da un colpo
di proiettile sparato
a brucia pelle.

Tra due meridiani
l'Equatore.
Orma nell'acqua della tranquillità.
Buco in petto.
Buca nell'acqua
per i morti
insepolti.

I pesci mangiano i morti.
I bianchi mangiano i pesci.
I bianchi mangiano i nostro morti
nei pesci uccisi.

Mediterraneo:
altare d'acqua
tomba di libertà
tonnara di morti
fratelli sconosciuti
sorelle stuprate
dormite
dormite
l'onda vi culla.

Voi che siete morti
martiri, fratelli, sorelle,
dormite tranquilli
malgrado le vostre croci
appese ai colli
pesino come ruderi di chiese.

Unico sacrificio:
il mare non impicca:
uccide.
Il mare non annega:
uccide.
Il mare non langue:
piange.
Dio non mente:
non esiste.

Avete recitato la parte
del dollaro: la vostra
verità è bella
come un sole rosso
tra gli aranci della terra promessa.

Poiché la terra non beve più sangue
ricorda le parole.
Sfavillante di tutti i tramonti
di tutte le bombe.
Un solo grido: libertà!
Speranza d'amare!
Dignità!
Un solo grido
di uccello in gabbia.

Singhiozzo del temporale:
tuono, fulmine, lama, spada.
Intonare l'inno del pianto
dei morti che chiamano
nulla:
uomini di tutti i colori.
Colore di tutti gli uomini
neri.

Bello è vivere tra gli uomini verdi
in fondo al mare, tra le alghe.
Bello sognare gli uomini
latte, nei loro letti, tra due cuscini
come tra due biscotti,
a succhiare i seni clandestini
di ragazze nude, nere.

Ciò non avverrà mai:
dio, il tuo dio, quotato in borsa.
Francesco sa di tutta la speranza.
Francesco ci spia e ci perdona
nel buio della cappella romana.

Ragione disumana:
questa regione
che porta sul dorso
di una foglia il peso dell'umanità.

L'esodo dell'umanità intera
nella morte di un uomo
solo.

Non avverrà mai, seduto col sorriso
sulle labbra che guardi l'Aquila
volare sopra i capretti
e proclami la tua superiorità,
calma sulla morte di un capretto.
Tra i tuoi artigli
l'euro di carne dei tuoi fratelli uccisi.

Nera la notte.
Nera la pelle.
Nera la parola.
Nero l'umore.
Nero l'oro.
L'olio, il sangue.

In questo paese,
rigurgiti di vecchiaia
a Damara, a Nama, a New York.
Siccità degli occhi.
Il cielo piange.
Piove. Piango.
Nessuno mi ascoltava
tranne il mare.

Avete visto dove i lacci
hanno chiuso le vene
i corsi d'acqua hanno
lasciato morire i pesci.
Un pesce per ogni pensiero.

Nera, rossa, verde
sventola la nostra
bandiera.
Nera, nera, nera
la nostra pelle
stesa
ad asciugare
fradicia di mare.

Per la verità iniziamo la nostra marcia.
La pagina della prigionia strappata.
Nessuno la voleva vedere scritta.

Affamati di ogni età
ci stringiamo in un gregge.
Fratelli! Accogliete i vostri
fratelli che i padri scacciano!
Le madri gravide partoriranno
le sorelle dello stupro.

In piccole gabbie
piangono tutto il giorno
bambini, canarini
neri.

Mi frusta
la coda di un topo
silenzioso
che striscia
a bordo
con la pancia piena
di unghie
rosicchiate al morto.